Du bist eine wie keine

Ein Hoch auf unsere Freundschaft

Es gibt gute Freunde.
Es gibt beste Freunde.
Und dann gibt es dich.

BESONDERER MENSCH

Einen Menschen wissen,
der dich ganz versteht,
der in Bitternissen
immer zu dir steht,
der auch deine Schwächen liebt,
weil du bist sein;
dann mag alles brechen,
du bist nie allein.

Marie von Ebner-Eschenbach

Eine wie keine

FREUNDINNEN

Sie sind das Salz in der Suppe
das Gewürz im Gemüse
Sie geben dem Eintopf
Sanftheit und Schärfe
und helfen, das Leben
verdaulich zu machen

Gundela Leenen

MEINE FREUNDIN

Meine Freundin ist die Beste
Immer ist sie für mich da
Tröstet mich an dunklen Tagen
Ist mir gut und ist mir nah

Meine Freundin ist die Beste
Denn sie hat ein Herz aus Gold
Hätt ich mir was wünschen dürfen
Hätte ich nur sie gewollt

Viele Jahre gehen wir nun
Schon den Lebensweg zu zweit
Und ich hoffe, dieses Gehen
Dauert noch geraume Zeit

Lange wolln wir uns noch halten
Wollen uns gewogen sein
Wollen miteinander lachen
Und uns unsres Lebens freun

Immer geht es mir gleich besser
Seh ich nur in ihr Gesicht
Meine Freundin ist die Beste
Eine bessre gibt es nicht

Doris Bewernitz

MANCHE MENSCHEN

Manche Menschen wissen nicht,
wie wichtig es ist,
dass sie einfach da sind.

Manche Menschen wissen nicht,
wie gut es tut,
sie nur zu sehen.

Manche Menschen wissen nicht,
wie wohltuend
ihre Nähe ist.

Manche Menschen wissen nicht,
wie viel ärmer
wir ohne sie wären.

Manche Menschen wissen nicht,
dass sie ein Geschenk
des Himmels sind.

Sie wüssten es,
würden wir es ihnen sagen!

Petrus Ceelen

ETWAS LIEBES

Ich möchte viel Liebes schenken,
Freude, die dir Kummer vertreibt,
dir in freundschaftlicher Weise
im Gedächtnis haften bleibt.
Ja, Freundschaft schenk ich dir in Fülle,
sie kommt von innen, ganz spontan,
und freust du dich, freu ich mich auch,
so sieht er aus, mein Herzensplan!

Angelika Wolff

MIT DIR

Mit dir scheint immer die Sonne.
Mit dir komme ich heiter durch den Tag.
Mit dir findet meine Seele Frieden –
du bist der Mensch, den ich mag.

Mit dir wird Unmögliches möglich.
Mit dir schau' ich nach vorn, nicht zurück.
Mit dir wird mein Leben so viel bunter.
Mit dir finde ich überall das Glück.

Mit dir feiere ich gern das Leben.
Mit dir ist mir leicht ums Herz.
Mit dir kann ich fröhlich sein und lachen –
zusammen besiegen wir jeden Schmerz.

Ein Hoch auf unsere Freundschaft!

Monica Lockowandt

Mit dir ist alles
wunderbar

EINMALIG DU

Wie ein Wassertropfen im blauen Meer
unter Tropfen, die dir ähnlich sind,

wie ein Sandkorn in der weiten Wüste
unter Körnern, die dir ähnlich sind,

wie ein Grashalm auf grüner Weide
unter Halmen, die dir ähnlich sind,

wie ein Stern am hohen Himmel
unter Sternen, die dir ähnlich sind,

so bist du, bist ganz du,
bist einmalige Freundin
genau so, wie du bist,

unübertrefflich, wunderbar
und geschaffen
für Freundschaft in Fülle.

Maria Sassin

Freundschaft verzaubert.
Sie macht gute Zeiten noch besser
und lässt uns die schlechten
vergessen.

GARTENNACHMITTAG

Im Garten sitzen
die Ohren spitzen
den Spatzen lauschen
mit dir leis' plauschen
unter Bäumen
von Reisen träumen
zur Sonne schauen
an Plänen bauen
die Welt anhalten
die Sorgenfalten
geradeziehen
der Uhr entfliehen
die Stunden teilen
im Licht verweilen
mit dir
das wünsch ich mir

Carola Vahldiek

Freundinnenzeit

MAHLZEIT

Heute Zeitsuppe gekocht
Für meine Freundin und mich
Den Topf auf den Tisch gestellt
In Ruhe aufgetischt
Gewürzt mit Geduld
Genossen mit Weinen und Lachen
Alles gemeinsam ausgelöffelt
Bis auf den letzten Tropfen
Zwei satte Herzen
Das tat gut

Doris Bewernitz

KÖSTLICH

Du bist Zucker,
mindestens Sahne,

jedenfalls
süß.

Andreas Noga

FREUNDINNENTAG

Heute könnte ich Ernst und Trübsal verbieten,
den Keller an Spinnen und Mäuse vermieten,
mein Auto entmisten, den Speicher entrümpeln,
zwei Stunden faul in der Wanne verdümpeln,
ein Buch beginnen, den Spiegel lackieren,
den Berg der einzelnen Socken sortieren,
was Neues lernen, vielleicht portugiesisch,
was Leckeres kochen, das wär paradiesisch!
Ich könnte aber auch die Haustür abschließen,
diesen herrlichen Tag nur mit dir genießen!
Uns vertrödeln, verschwatzen, vergnügen, verlachen
und herrliche Freundinnensachen machen!
Bist du dabei? Dann freu ich mich,
von Frau zu Frau herzinniglich!

Angelika Wolff

KLARTEXT

Warum du meine Freundin bist?
Weil du mich nicht vergleichst und misst
Weil du mich so nimmst, wie ich bin
Weil du mich lässt nach meinem Sinn
Weil du mich kennst, weil du mich fragst
Weil du mir deine Meinung sagst
Und Klartext redest, eine Gabe
Von der ich wirklich sehr viel habe
Ja, weil wir friedlich streiten können
Darum kann ich dich Freundin nennen

Doris Bewernitz

Darum

Wirklich gute Freunde
sind Menschen,
die uns ganz genau kennen
und trotzdem zu uns halten.

Marie von Ebner-Eschenbach

MENSCHEN WIE DU

Menschen wie du
verbreiten Licht in der Dunkelheit
Wärme in kalter Nacht
sind starker Fels in der Brandung
die Prise Salz in der Suppe
Retter in letzter Not
Menschen wie du
sind staunende Kinder geblieben
Sie besitzen ein Herz aus Gold
schenken uns oft unverdient
den Himmel auf Erden
sind Hoffnungsschimmer
am Horizont

Gabriela Paydl

Eine beste Freundin
ist wie eine Laterne am Weg.
Sie macht ihn zwar nicht kürzer, aber heller.

EIN GANZES LEBEN

Sie saß auf dem Kirschbaum und rief meinen Namen. Den Nachmittag über spuckten wir helle Kerne durch grünes Laub. In der Dämmerung rannten wir mit rotverschmierten Mündern durch hohes Gras. Wir waren neun in jenem Sommer.

Samstags siebten unsere Mütter Mehl in die Schüssel und kneteten mit flinken Fingern Butter und Zucker hinein. Wir saßen auf dem Hocker und schlenkerten mit den Beinen. Damals schmeckte das Glück nach süßem Teig.

Wir wurden älter und träumten uns ein eigenes Land. Sie wurde ein Baum mit Wurzeln bis tief hinab ins Erdreich und ich ein schillernd blauer See.

Wir schworen uns, nie wie unsere Mütter zu werden mit ihren mehligen Fingern und abgelegten Träumen. Wir suchten die Weite und das Licht. Wir liebten es, wenn die Wolken sich bis tief zur Erde neigten und Blitze geheimnisvolle Botschaften am Himmel malten. Die Tage waren immer zu kurz, unser Dorf war ein enges Kleid, aus dem wir rasch herauswuchsen.

Wir zogen hinaus in die Welt. Ihre Äste verzweigten ins wolkige Blau. Meine Ufer erstreckten sich bis weit über die Wiesen.

Die Zeit verging und wir verloren uns aus den Augen.

Viele Jahre später, die Kirschen waren reif, kehrte ich in unser Dorf zurück. Hoch oben im Baum saßen zwei Mädchen. Sie spuckten Kerne durch das Laub. Ich hob den Kopf und blickte in zwei lachende Gesichter mit kirschroten Mündern.

Ilka Haederle

Wählte ich dich?
Wähltest du mich?
Und welchen Unterschied
macht es?
Alles, was zählt:
Wir wählten einander.

Lois Wyse

WENN ES BRENNT

Ich komme
bei Donner und Blitz
durch Hagel und Regen
bei Schneesturm
bei Nebel
Ich komme
durch Wind und Wetter
gerannt
ohne Schirm
ohne Mütze
und ohne Verstand
Und wenn es brennt

ich hoffe ich
fürchte mich nicht

wenn es brennt
geh ich
durch alle Feuer
für dich!

Anne Steinwart

Gute Freunde kennen
all deine Geschichten.
Beste Freunde
haben sie mit dir erlebt.

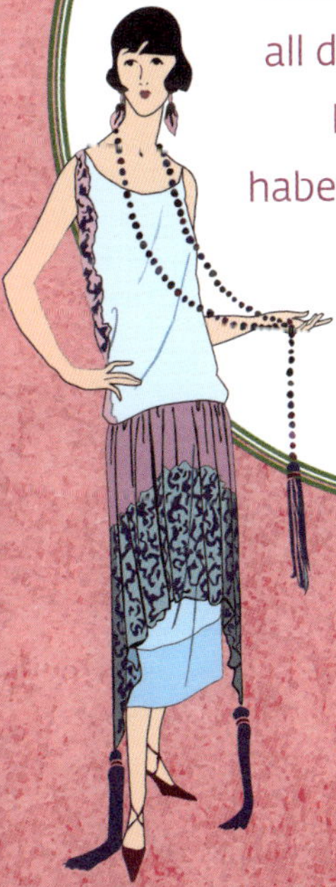

Seite an Seite

FREUNDINNEN-DANK

Erika, Annette, Gabi,
Lieselotte, Hildegard,
schön, dass ihr so viele Jahre
um mich seid und um mich wart!

Inge, Anneliese, Silke,
Petra, Sanne, Claudia,
ihr seid wie manche guten Engel
stets und ständig für mich da.

Ulli, Doris, Bea, Tina,
Ute und Veronika,
sechs von vielen treuen Seelen,
rundum einfach wunderbar!

Ina, Kathrin, Judith, Elke,
Lisa, Pia, Gerda, Elsbeth,
ehrlich seid ihr, offen, kritisch,
lieb und auch unfassbar nett.

Manu, Geli, Anke, Paula,
Eva, Heike, Babs, Christin,
ihr habt mir in Kummerzeiten
stets gerne euer Ohr gelieh'n!

Monika, Renate, Jenny,
Brigitte, Regina, Karla, Ruth,
euer Frohsinn, eure Hilfe
tat und tut mir immer gut!

Angelika Wolff

DER ENGEL

Manchmal steht ein Engel da
Manchmal ist ein Engel nah

Manchmal schenkt ein Engel Zeit
Manchmal denkt ein Engel weit

Manchmal lädt ein Engel ein
Manchmal teilt er Brot und Wein

Manchmal gibt ein Engel Mut
Manchmal tut das richtig gut

Manchmal hört ein Engel zu
Manchmal bist der Engel – du

Thomas Knodel

BESONDERS

Lieblingsmenschen
sind im Herzen

markiert.

Andreas Noga

FREUNDSCHAFT

Keine Distanz
vermag Freundschaft
zu mindern
im Gegenteil:
Freundschaft
vermindert
alle Distanz

Herzen
zählen keine
Kilometer

Carola Vahldiek

Kein Weg zu weit

Füreinander

ICH UND DU

Ich springe
herzüber
Du fängst
mich auf

manchmal

herzüber
herzunter
herzfürchterlich

Herz an Herz
Immer noch
Immer wieder

Anne Steinwart

HERZENSSACHE

Der Kopf denkt,
doch das Herz fühlt.

Das Auge sieht,
doch das Herz erkennt.

Der Verstand weiß,
doch das Herz versteht.

Marion Schmickler-Weber

SEELENSCHWESTER

Ungleicher Zwilling
Wegbegleiterin
Lebenslehrerin
Trösterin
Mitlacherin
Hoffnungsbotin
Gottesgeschenk Du

Maria Sassin

Frauen aber gehört meine ganze Zuneigung,
es sind für mich Vertraute.

Elfriede Jelinek

MASKEN ABLEGEN

aufmerksam zuhören
ansehen statt abwerten
lebensgeschichte achten
eigenarten wahrnehmen
bedürfnissen raum geben
sehnsucht kennen
zuneigung spüren
nähe zulassen
not nicht anprangern
schwächen wertschätzen
macht nicht missbrauchen
grenzen einhalten
schwierigkeiten benennen
konflikte austragen
masken ablegen
meinung nicht zurückhalten
guten willen würdigen
entwicklung bemerken
über veränderungen staunen
leben geschehen lassen

Almut Haneberg

DARUM

Weil ihr ans Telefon geht
Weil ihr zuhört
Weil ihr nachfragt
Weil ihr kommt
Weil ihr bei mir sitzt
Weil ihr mich anseht
Weil ihr mich aushaltet
Weil ihr Zeit habt
Weil ihr schweigen könnt
Weil ihr ratlos sein könnt
Weil ihr mir nichts erklärt
Weil ihr die Arme öffnet
Weil ihr mich ans Herz drückt
Weil ihr Tee kocht
Weil ihr lacht
Weil ich mich euch zeigen kann
wie ich bin
Darum

Doris Bewernitz

Freundinnenglück

GESCHENK

Augen, in denen ich
aufgehoben bin,

weil sie mir
in die Seele sehen,

ohne zu richten.

Andreas Noga

Ich war schon immer der Ansicht,
dass das größte Privileg, die größte Hilfe
und der größte Trost in einer Freundschaft
darin besteht,
dass man nichts erklären muss.

Katherine Mansfield

ICH ODER DU

Zweifelst du?
Ich glaub für dich.
Zweifle ich,
glaubst du für mich.
Schlaf! Ich wache.
Wach! Ich ruh.
Tröstlich der Schimmer:
Einer von uns,
ich oder du,
einer bläst immer
in die Glut.
Das zu wissen, tut gut.

Gudrun Pausewang

Ich und du

In der Luxuslimousine fährt jeder gern mit. Aber du brauchst Menschen, die mit dir Bus fahren, wenn die Limousine liegen bleibt.

Oprah Winfrey

ZUSAMMENHALT

Gib treulich mir die Hände,
Bleib Schwester mir und wende
Den Blick vor meinem Ende
Nicht wieder weg von mir!
Ein Tempel, wo wir knien,
Ein Glück, für das wir glühen,
Ein Ort, wohin wir ziehen,
Ein Himmel mir und dir.

Luise Hensel

REICH BESCHENKT

Alles,
was ich wünsche,

habe ich
mit dir

bekommen.

Andreas Noga

Bei dir bin ich bei mir

Stefanie Engelhardt

Verlagsgruppe Patmos in der Schwabenverlag AG, Ostfildern
Im Alten Rathaus/Hauptstraße 37
D-79427 Eschbach/Markgräflerland

www.verlag-am-eschbach.de

Textredaktion: Ilka Osenberg-van Vugt, Verlag am Eschbach
Gestaltung und Satz: Angelika Kraut, Verlag am Eschbach
Kalligrafie: Ulli Wunsch, Wehr
Druck: PNB Print Ltd, Silakrogs
Hergestellt in Lettland
ISBN 978-3-98700-120-8

FSC® MIX Paper | Supporting responsible forestry FSC® C084698 www.fsc.org

Gedruckt auf FSC®-zertifizierten Materialien
Näheres zur Nachhaltigkeitsstrategie der Verlagsgruppe Patmos
auf unserer Website www.verlagsgruppe-patmos.de/nachhaltig-gut-leben

Manufakt
Dieser Baum steht für Erhaltung unserer natürlichen Lebensgrundlagen, umweltschonende Ressourcenverwendung und nachhaltige Herstellung.
Individuell und mit Liebe gemacht.

Textnachweis:
Doris Bewernitz: S. 4f, 13, 16, 33 © bei der Autorin. **Petrus Ceelen**: S. 6f © Erben. **Stefanie Engelhardt**: S. 39 © bei der Autorin. **Ilka Haederle**: S. 20f © bei der Autorin. **Almut Haneberg**: S. 32 © bei der Autorin. **Thomas Knodel**: S. 26 © beim Autor. **Gundela Leenen**: S. 3 © bei der Autorin. **Monica Lockowandt**: S. 9 © bei der Autorin. **Andreas Noga**: S. 14, 27, 34, 38 © beim Autor. **Gudrun Pausewang**: S. 35 © Erben. **Gabriela Paydl**: S. 18 © bei der Autorin. **Maria Sassin**: S. 10, 31 © bei der Autorin. **Marion Schmickler-Weber**: S. 30 © bei der Autorin. **Anne Steinwart**: S. 22, 29 © bei der Autorin. **Carola Vahldiek**: S. 12, 28 © bei der Autorin. **Angelika Wolff**: S. 8, 15, 24f © bei der Autorin.

Trotz sorgfältiger Recherche war es uns leider nicht in allen Fällen möglich, die jeweiligen Rechteinhaber ausfindig zu machen. Für Hinweise sind wir dankbar.

Bildnachweis:
iStock / Terriana